Gewächshäuser

DUMONT'S GARTENWELT

GEWÄCHSHÄUSER

praktisch und schön

Ethne Clarke

Die Deutsche Bibliothek – CIP-Einheitsaufnahme

Gewächshäuser: praktisch und schön / Ethne Clarke.
Mit einem Vorw. von Max Davidson. [Aus dem Engl. von
Dieter Burmann]. – Köln : DuMont, 1998
   (DuMont's Gartenwelt)
   Einheitssacht.: Guide to greenhouse gardening <dt.>
   ISBN 3-7701-3951-8

Originaltitel: Guide to Greenhouse Gardening

Copyright © 1996 Text der englischen Ausgabe: Ethne Clarke
Copyright © 1996 Design und Layout: Sunburst Books
Copyright © 1996 Fotografien: Garden Picture Library
Die englische Originalausgabe erschien 1996 bei
Sunburst Books, Kiln House, 210 New Kings Road, London SW6 4NZ

Copyright © 1998 der deutschen Ausgabe: DUMONT Buchverlag, Köln
Alle deutschsprachigen Rechte vorbehalten

Aus dem Englischen von Dieter Burmann

Redaktion der deutschen Ausgabe: Gaile & Partner, Wiesbaden
Satz: Das DTP-Studio Moeres und Karg, Wiesbaden

Hinweis des Herausgebers
Beachten Sie, daß die Pflanzenzüchter fortwährend neue Sorten einführen.
Bitte informieren Sie sich anhand Ihrer Samenkataloge über die Neuheiten.

WARNHINWEIS
Wenn Sie chemische Herbizide,
Fungizide oder Insektizide verwenden,
müssen Sie sich genau an die
Anweisungen des Herstellers halten.

Printed and bound in Hong Kong
ISBN 3-7701-3951-8

INHALT

VORWORT

Gewächshäuser erweitern unsere gärtnerischen Möglichkeiten beträchtlich, da sie es uns erlauben, grundsätzlich alle Sorten von Pflanzen aus Samen zu ziehen und auch solche zu kultivieren, die in unserem Klima im Freien nicht überleben könnten. So besteht der eigentliche Vorteil eines Gewächshauses darin, daß der Gärtner das Klima für diese Pflanzen auch fernab der subtropischen Regionen im Jahreslauf kontrollieren kann und nicht von den Launen des Wetters abhängig ist.

Ein Gewächshaus, das nur von der Sonne beheizt wird, ist in erster Linie eine wertvolle Hilfe bei der Aufzucht aus Samen und im Winter ein Schutz für solche Pflanzen, die sonst bei nassem und kaltem Wetter absterben würden.

Überdies mit einer Heizung ausgestattet, bei angemessener Belüftung und einer Schattierung nach Bedarf bietet das Gewächshaus vielfältige Möglichkeiten der Pflanzenkultur – von den Zwiebelpflanzen über die Alpenpflanzen und Kakteen bis zu den Orchideen.

Im Gewächshaus lassen sich sogar exotische Früchte und Gemüse anbauen: Sie können Feigen in Kübeln ziehen, Reben unter dem Dach wachsen lassen, vielleicht auch einen Nektarinenbaum an der Seite.

Wenn Sie sich ein Gewächshaus zulegen wollen, sollten Sie das größte wählen, das Sie sich leisten können; es sollte dabei aber noch gut zu der Größe Ihres Gartens passen! Bei der Entscheidung für ein Gewächshaus haben Sie die Wahl zwischen Holz und Aluminium. Holz sieht gefällig aus, erfordert aber viel mehr Pflege als Aluminium, das mit seinen schmalen verglasten Streben den Vorteil bietet, viel mehr Licht ins Innere zu lassen. Achten Sie beim Kauf auf Qualität: Ein größeres Gewächshaus aus Aluminium mit Dach, seitlichen Verstrebungen und Glasträgern mag bis zu viermal mehr Metall enthalten als ein kleineres, doch das Metall kann sich bei starkem Wind verformen, wodurch das Glas unter Umständen zu Bruch geht.

Die meisten Menschen machen sich Sorgen über die Heizkosten; mir scheint das größere Problem darin zu bestehen, das Gewächshaus im Sommer vor zu großer Hitze zu schützen. Nur wenige Pflanzen fühlen sich bei Temperaturen über 30 °C noch wohl, auch ist es sehr schwer, in kleinen Gewächshäusern eine gleichmäßige Temperatur ohne große Schwankungen zu halten. Andererseits benötigen viele exotische Pflanzen im Winter lediglich eine frostfreie Umgebung, die schon mit einer guten Isolierung sowie einer thermostatgeregelten Heizung erzielt werden kann, in großen Gewächshäusern auch durch das Abteilen in kleinere Zonen, in denen dann höhere Temperaturen möglich sind.

Heutzutage gibt es eine große Auswahl an modernem technischen Zubehör, das die Kultur im Gewächshaus ungemein erleichtert.

Ganz gleich, wie Ihr Gewächshaus beschaffen sein wird, der »Garten unter Glas« ebnet Ihnen neue Wege der Pflanzenkultur und fasziniert auf seine eigene Weise.

MAX DAVIDSON

EINFÜHRUNG

Die Idee, Gemüse und Blumen unter Glas zu ziehen, um die Anbauzeit zu verlängern (und so die Erträge zu verbessern) bzw. Pflanzen zu kultivieren, die für unser Klima oder unsere Böden nicht geeignet sind, ist nicht neu. Schon Plinius der Ältere, ein römischer Gelehrter, besaß in der Hügellandschaft außerhalb Roms ein Landhaus mit weitläufigen Gärten, die er mit kunstvoll beschnittenen Buchsbaumhecken ausschmücken ließ. Und unter Glas, so ist überliefert, gediehen Weinreben, Erdbeeren und Rosen.

Dem Beispiel des Plinius eiferten im 15. Jahrhundert in Florenz die Medici-Herrscher Cosimo der Alte und Lorenzo der Prächtige nach. Aber anders als Plinius ließen sie feste Häuser errichten, in denen exotische und seltene Pflanzen heranwuchsen. Es wurden auch Häuser mit einer Glasfront gebaut. In diesen frühen Gewächshäusern konnten in Töpfen zum Beispiel Zitronen- und Orangenbäume gut überwintern.

Mit der Entdeckung der Neuen Welt kamen viele bis dahin unbekannte Blumen, Früchte und Gemüsearten nach Europa. Einige dieser fremdländischen Gewächse fanden sofort Anklang, andere wurden zunächst mit viel Argwohn bedacht. Beispielsweise hielt man die Tomate für giftig, weil die Menschen vom Genuß der Blätter und Früchte dieser seltsamen Pflanze krank wurden. Aber die Ananas war sofort ein Erfolg! Manche Eiferer mit dickem Geldsack wollten die ersten sein, solch erlesene Früchte zu ziehen, und ließen Ananashäuser bauen. Dabei handelte es sich um fast modern anmutende Glashäuser mit sorgfältig konstruierten Heizsystemen und tief eingegrabenen, mit hitzeerzeugenden Kompostschichten gefüllten Beeten. So entwickelte sich schon früh die Wissenschaft der Treibhaus- oder Gewächshausgärtnerei. Ihre erste Blüte erreichte sie im späten 18. und frühen 19. Jahrhundert. Es entstanden große und größte Gebäudekomplexe, die von Metallrahmen getragen waren und verglaste Wände aufwiesen, so etwa das Palmenhaus der Königlichen Botanischen Gärten von Kew (London) und das ebenso prächtige Gewächshaus bei Chatsworth Hall in Derbyshire (England).

Von den Möglichkeiten der Gewächshauskultur waren viktorianische Gärtner nicht minder angetan. Hingebungsvoll widmeten sie sich der Kunst, Unmengen von empfindlichen und exotischen einjährigen Pflanzen im Gewächshaus vorzuziehen und ins Freiland auszupflanzen, um die fein ausgeklügelte Symmetrie in ungewöhnlichen Farben zu erzielen, die sie über alles liebten. Doch schon damals diente das Gewächshaus auch schon der Bedarfsdeckung. Es versorgte den Markt mit frischen Früchten und Schnittblumen, die die Familien der oberen Mittelschicht gern kauften, wenn sie in ihren Londoner Häusern weilten.

Aus den kommerziellen Treibhäusern entwickelte sich alsbald der schmuckvolle Wintergarten – ein reich verziertes Gebäude, das dem Haus angelehnt war. Hier wurden fortan erlesene Pflanzen kultiviert. Schließlich hielt der Wintergarten auch Einzug in den Wohntrakt der Familien, wo die Gewächshauspflanzen Erker und Nischen eroberten. Nach englischem Vorbild kamen diese Wintergärten seit den 80er Jahren des vorigen Jahrhunderts auch in Deutschland auf. Der von Jahrzehnt zu Jahrzehnt wachsende Überseehandel hatte auch die Vorliebe für Gewächse geschürt, die im Freiland nicht überwintern konnten.

Doch lösten die Wintergärten keineswegs die kommerziellen Treibhäuser ab. Im Gegenteil – für diese Häuser wurden in großem Stil neue Baukonstruktionen, Systeme der Bewässerung, Belüftung sowie Heizung entworfen und installiert. So können wir heute von den Innovationen unserer Väter und Vorväter profitieren.

7

ARTEN VON GEWÄCHSHÄUSERN

ES GIBT VIELERART GEWÄCHSHÄUSER. Sie unterscheiden sich im wesentlichen durch die Bauformen und -materialien. So hat der Gärtner heutzutage eine große Auswahl. Am gebräuchlichsten sind die freistehenden Gewächshäuser (»mit vier Wänden und einem Dach«). Auch Anlehnhäuser sind nicht selten. Sie werden an einer bestehenden Wand errichtet. Gewächshäuser können eine pyramidenförmige Gestalt haben oder den Frühbeetkästen und Mistbeeten der traditionellen Landgärten ähneln. Ferner gibt es das Holländerhaus, das in seiner Form an eine Flugzeughalle erinnert, und die modernen Gewächshauskuppeln. Die Streben der Gewächshäuser bestehen aus den verschiedensten Materialien, u.a. aus Holz, Metall oder Kunststoff. Dazwischen befinden sich Scheiben aus Glas oder Kunststoffolien.

Konventionelle Gewächshäuser weisen verglaste Gerüste auf; dieses natürliche Material stellt sicher, daß sich das Gebäude gut in die Gartenlandschaft einfügt. Besonders qualitätvoll sind Gerüste aus dem Red-Cedar-Holz, denn dieses ist äußerst beständig gegen Verwitterung; auch Teak und Eiche werden gern verwendet; diese Holzarten weisen einen guten Härtegrad auf, reichen in ihrer Haltbarkeit aber nicht an Red Cedar heran. Die Holzgerüste sollten schon vom Hersteller gegen Verwitterung imprägniert sein. Dann müssen Sie Ihr Gewächshaus später nur alle vier oder fünf Jahre mit einem Holzschutzmittel behandeln – so sparen Sie Geld und auch Zeit.

Gewächshäuser mit einem Holzgerüst müssen auf einem Betonsockel stehen, damit dessen Basis nicht in unmittelbaren Kontakt mit dem feuchten Boden kommt. Ein niedriges Backsteinfundament hebt im übrigen auch das Erscheinungsbild und erhöht die Lebensdauer des Hauses.

Die weitere Ausstattung ist einfach zu installieren: Sie bohren Löcher in die Holzrahmen und setzen die Glasscheiben wie normale Fenster mit Glasernägeln sowie Kitt ein. So treffen Sie Vorsorge gegen Temperaturschwankungen, wodurch sich das Holz ausdehnt und zusammenzieht; das Glas braucht etwas Spiel, um diese Bewegungen auszugleichen. So bieten die mit Kitt verglasten Fenster im allgemeinen eine bessere Isolierung als die in einer Halterung sitzenden bei Gewächshäusern aus Metallstreben.

OBEN: Ein Folientunnel aus Polyäthylen über einem Rundgestänge wird häufig im kommerziellen Gartenbau verwendet; wegen seiner Größe und Form ist dieser Folientunnel im Hausgarten nur selten anzutreffen.

RECHTS: Am weitesten verbreitet sind Gewächshäuser mit Holzrahmen, dieses natürliche Baumaterial eignet sich gut für den Ziergarten.

RECHTS: Aluminiumgewächs-häuser werden meist als ganzer Bausatz geliefert; für das Auf-schlagen solcher Bausätze ist es ratsam, sich der Hilfe eines fachkundigen Freundes zu ver-sichern. Alle Winkel müssen genau sitzen und die Seiten parallel sein; nur so läßt sich die Verglasung paßgenau einsetzen.

LINKS: Gewächshäuser aus Alu-minium sind sehr beliebt, da sie verhältnismäßig preiswert, pflegeleicht und für fast jeden Bedarf verwendbar sind; dieses Gewächshaus ist mit einer Glas-veranda ausgestattet und bietet zudem genügend Stellfläche für ein Ensemble von Zierpflanzen.

Die Streben eines Holzgerüsts müssen aus statischen Gründen stabil sein; immerhin haben sie auch das Glas zu tragen. Holzgerüste sind gewöhn-lich wesentlich schwerer (nämlich dicker) als die Gestelle aus Aluminium; das bedeutet, daß in ein Gewächshaus aus Holz weniger Licht einfallen kann. Dieser Nachteil wird teilweise dadurch wettgemacht, daß Holz die Wärme besser hält. Die meiste Wärme geht im übrigen durch das Glas verloren; wenn die Glasfläche bei einem Holzgerüst kleiner ist, wird das Haus folglich etwas wärmer sein.

Im professionellen Gartenbau sind Folientunnel sehr beliebt; der pure Nutzen zählt dort mehr als das Aussehen. Solche Tunnel sind preiswert und leicht zu errichten. Sie bestehen aus Metallstreben, über die eine Kunststoffolie ausgelegt wird. Hierfür läßt sich nahezu jede Folie ver-wenden – doch muß sie kräftig sein und sollte eine Resistenz gegen UV-Strahlen aufweisen. Gleichwohl wird Kunststoff nach einigen Jahren spröde, vergilbt und muß dann auf Grund reduzierten Lichteinfalls ersetzt werden. Licht ist für jede Gewächshauskultur lebenswichtig. Kunststoff zieht im Lauf der Zeit auch viele Staubpartikel an, wodurch die Pflanzen gleichfalls weniger Licht erhalten. Grundsätzlich gilt: Ein Gewächshaus wird durch langwelliges Sonnenlicht erwärmt, aber Kunststoff vermag diese Wärme nicht zu halten; deshalb wird sich der Folientunnel nach Sonnenuntergang schnell abkühlen.

Eine Polycarbonatfolie besteht aus besonders UV-beständigen Kunst-stoffschichten, die so zusammengepreßt sind, daß sich kleine Luftblasen bilden. Sie dienen als wärmespeichernde Zellen. Diese Folie läßt mehr Licht hinein und speichert mehr Wärme, als der Kunststoff Polyäthylen es vermag. Sie können eine Polycarbonatfolie für Holz- oder Kunststoff-gerüste verwenden. Das Material ist widerstandsfähiger gegen zufällige Schlag- und Stoßeinwirkung und auch haltbarer als Polyäthylen.

Gewächshäuser aus Aluminium und Glas sind für den privaten Garten die beliebtesten. Preiswert in der Anschaffung, dabei leicht zu pflegen und relativ einfach aufzuschlagen – das zeichnet diese Gewächshäuser aus.

LINKS: Anlehnhäuser an einer sonnigen Wand eignen sich gut für kleine Gärten mit nur wenig Platz.

Trotzdem sollten Sie Ihre Fähigkeiten als Heimwerker nicht überschätzen. Eine geschickte Hand und ein gutes Auge sind unabdingbar. Bei diesen Gewächshäusern werden die Glasscheiben einfach auf Gummistreifen gesetzt und dann mit Klammern befestigt. Da Aluminiumrahmen sehr schmal sind, kann mehr Sonnenlicht in das Gewächshaus einfallen als bei Holzrahmen; aber es kühlt auch schneller aus, weil das Metall Hitze und Kälte bekanntlich besser leitet. Ihr Gewächshaus sollte so groß wie möglich sein; denn wenn Sie erst einmal erfahren haben, welche vielfältigen Möglichkeiten sich Ihnen mit einem Gewächshaus bieten, werden Ihnen die kleinen Ausführungen alsbald nicht mehr genügen.

Überlegungen beim Bau des Gewächshauses

Manche Gewächshäuser haben einen integrierten Sockel; andernfalls könnte es aber ratsam sein, ein Betonfundament eigens zu setzen. Mein Nachbar hat den Boden seines Gewächshauses mit einem Textilmulch ausgelegt, während meines am Rand des Hofes hinter meinem Haus auf hartem Lehmboden steht. Die Kiesschicht über dem Lehm ist schon lange festgetreten. Das gewährleistet eine gute Begehbarkeit; der Boden ist außerdem trocken, und verschüttetes Wasser kann schnell versickern.

Mein Gewächshaus weist die normale Form auf – es hat vier Wände und ein Satteldach. Doch es gibt auch andere Lösungen, die ich oben bereits erwähnt habe. Moderne Kuppeln, Holländerhäuser, Pyramiden- und Rundhäuser bieten sämtlich optimale Lichtverhältnisse und können die Sonnenwärme gut aufnehmen. Anlehnhäuser an einer sonnigen Südwand müssen unbedingt auch beschattet werden können, weil die Mauer als Sonnenenergiespeicher wirkt, der viel Wärme aufnimmt (und an das Gewächshaus abgibt); die Beschattung verhindert nun, daß sich das Haus in einen Backofen verwandelt. An einer Ost- oder Westwand in Ihrem Garten können Sie die Wärme- und Lichtverhältnisse verbessern, indem Sie die Mauer in leuchtendem Weiß tünchen. Andere Gewächshäuser

RECHTS: **Es gibt Gewächshäuser in vielen verschiedenen Bauformen und Größen: das sechseckige Haus ist bedeutend dekorativer als ein normales viereckiges.**

UNTEN: **Kuppelgewächshäuser muten geradezu futuristisch an.**

sollten im sonnigsten Teil Ihres Gartens stehen, und zwar in einer Ost-West-Ausrichtung, damit sie die Wintersonne optimal aufnehmen können; das gilt besonders, wenn in dem Haus Zierpflanzen überwintern sollen. Halten Sie beim Aufschlagen Ihres Gewächshauses gut Abstand zu überhängenden Bäumen, auch vom Schattenwurf Ihres Hauses, ggf. von Nebengebäuden, Hecken oder Zäunen. Wenn Ihr Garten einem starken Windeinfall ausgesetzt ist, sollte das Gewächshaus nahe (aber nicht direkt) an einer schützenden Hecke stehen.

Weitere den Standort Ihres Gewächshauses beeinflussende Faktoren sind die Bewässerung, Stromversorgung und Heizung. Es gibt verschiedene Bewässerungssysteme, aber alle benötigen einen Wasseranschluß. Meist genügt ein normaler Wasserhahn in der Nähe, das gilt auch für die handelsüblichen Systeme mit Berieselungsköpfen; aber für Sprühnebelanlagen und einige andere Systeme benötigen Sie mehr Wasser sowie einen höheren Druck und deshalb eine Wasserleitung von mindestens 2,5 cm Durchmesser. Alle zum Gewächshaus führenden Wasserleitungen sollten mindestens 60 cm tief liegen, und zwar am besten unter einer Schicht Backsteinen, damit die Leitungen bei zukünftigen Grabearbeiten nicht beschädigt werden.

Auch ein Stromanschluß sollte installiert werden – lassen Sie diese Installation nur von einem Elektriker ausführen! Wasser in Verbindung mit elektrischem Strom kann sich nämlich zur tödlichen Folge auswachsen. Halten Sie den Verlauf Ihrer unterirdischen Wasser- und Stromleitungen grundsätzlich auf einem Lageplan fest.

Soweit Ihre Optionen im großen; jetzt gilt es zu entscheiden, welche Art von Gewächshaus Sie benötigen. Viele Blumenliebhaber kultivieren in ihrem Haus empfindliche Zierpflanzen, die sie zur Dekoration später in ihrer Wohnung aufstellen wollen. Wenn Ihnen danach der Sinn steht, sollten Sie ein Modell mit Holzgerüst favorisieren, weil es die Wärme besser speichert. Empfindliche Pflanzen benötigen zu Anfang des Jahres etwas mehr Wärme. Denken Sie daran, besonders wenn Sie viele solcher Pflanzen gut durchbringen müssen. Im übrigen gilt: Eine gute Isolierung kann die Heizkosten senken.

OBEN: Ein Gewächshaus mit Holzgerüst, vor dessen Eingang einige Beetpflanzen zum Abhärten stehen; dieses Arrangement zeigt deutlich, wie intensiv das Haus genutzt wird.

RECHTS: Ein Gewächshaus im tiefsten Winter (das aber frostfrei gehalten werden kann) bietet vielen empfindlichen Pflanzen eine vorübergehende Heimstätte und schafft dem Gärtner weitere Möglichkeiten.

Andere Gärtner bevorzugen den Obst- und Gemüseanbau; in diesem Fall ist wegen des guten Lichteinfalls ein vollverglastes Gewächshaus mit Metallgerüst empfehlenswert. Solche Modelle sind im übrigen auch am flexibelsten. Deshalb stellen sie auch dann die richtige Wahl dar, wenn es Ihnen um beides geht – um die Kultur empfindlicher Pflanzen und Nutzpflanzen gleichermaßen.

Vielleicht haben Sie Kinder, die im Garten herumtollen wollen. Dann ist aus Sicherheitsgründen ein Kunststoffmodell vorteilhaft, um so Verletzungen durch zerbrochenes Glas vorzubeugen. Sollten finanzielle Gründe den Erwerb der gewünschten Hausgröße nicht zulassen, dann achten Sie beim Kauf eines kleineren Modells darauf, daß Sie es später erweitern können. Stellen Sie im vorhinein sicher, daß das Haus durch Lüftungsklappen gut belüftet werden kann. Solche Lüftungsklappen sollten an den Seiten und auch auf dem Dach angebracht sein, dort auf jeder Seite des Dachfirstes mindestens eine Klappe. Das Zusammenwirken der Belüftung an den Seiten und auf dem Dach ist wichtig, um auch tatsächlich für eine gute Luftzirkulation zu sorgen. Dieser Luftaustausch hilft vorbeugend gegen Krankheitsbefall. Prüfen Sie vor der Kaufentscheidung auch, ob zu dem Gewächshaus ein Sockel gehört oder ob Sie ein Fundament setzen müssen. In welche Regale müssen Sie investieren? Hat das Haus eine Regenrinne, um das Wasser auffangen und in eine Regentonne leiten zu können? Wie gut sind Ersatzteile lieferbar?

Für diese und weitere Fragen hilft ein Gang durch die Geschäfte; sprechen Sie mit Ihren Bekannten über deren Erfahrungen, und besuchen Sie ggf. eine Gartenausstellung. So lernen Sie Ihre eigenen Ansprüche kennen und können sich schließlich ein eigenes Urteil bilden.

RECHTS: In der Wärme dieses Gewächshauses mit Metallstreben, die regelmäßig gestrichen werden müssen, gedeihen Weinreben.

UNTEN: Dieses Gewächshaus ist an eine nach Süden ausgerichtete Mauer »angelehnt«. Sein großes Glasdach läßt viel Licht und Wärme hinein. Solche Häuser dienten früher oft für den Obstanbau.

EINRICHTUNG UND ZUBEHÖR FÜR DAS GEWÄCHSHAUS

EIN GEWÄCHSHAUS AUSZUSTATTEN kann ebenso interessant sein wie die Einrichtung Ihrer Wohnung – immer haben Sie die Qual der Wahl. Wichtig ist zunächst die Auswahl der Gestelle. Wie auch das Gewächshaus selbst können diese aus Holz oder Aluminium sein.

Gestelle

Gestelle sollten so hoch sein, daß Sie sich bei der Arbeit nicht zu bücken brauchen; sie müssen robust genug sein, um das Gewicht der Schalen, Töpfe etc. sicher tragen zu können. Auch sollten sie flexibel einsetzbar sein, damit Sie ggf. eine Änderung in der Anordnung vornehmen können. Holzgestelle mit einer Lattenoberfläche stellen die herkömmliche Lösung dar; leider liegt es in der Natur dieses Baustoffes, daß er in der feuchten Umgebung eines Gewächshauses schnell in Mitleidenschaft gezogen wird. Aus diesem Grund setzen die meisten Gartenfreunde heute Aluminium ein. In meinem Gewächshaus verwende ich anstelle einer Lattenoberfläche eine Aluminiumauflage, ausgelegt mit einer dünnen Schicht Kies; ein Teil meiner Gestelle ist für die Vermehrung vorgesehen; hier befinden sich tiefe Schalen und (unter einer Lage Sand) ein Bodenheizkabel; ein weiterer Teil ist mit Maschendraht bespannt, um für die einzelnen Pflanzentöpfe eine gute Entwässerung und Luftzirkulation zu ermöglichen. So habe ich ein sehr vielseitiges System; die Gestelle sind leicht und nahezu pflegefrei. Im Sommer stelle ich die Hälfte meiner Gestelle ins Freie, um Platz für Tomaten, Basilikum und Melonen zu haben. Im Freien dienen sie mir als Stellplätze für neue Pflanzen bzw. als Schalen für Sämlinge.

OBEN UND RECHTS: **Diese beiden Gewächshäuser sind mit den herkömmlichen Holzgestellen mit Lattenoberfläche ausgestattet, die meist in Gewächshäusern mit Holzgerüst Verwendung finden. Solche Gestelle erfordern viel Pflege.**

Temperaturkontrolle und Beleuchtung

Pflanzen im Gewächshaus benötigen nicht anders als im Freien drei Dinge: Licht, Wärme und Wasser. Die ersten zwei Komponenten stehen dabei in direktem Zusammenhang: Kurzwellige Sonnenstrahlen gelangen durch die Glaswände in das Haus und erwärmen Töpfe, Gestelle, Holz- und Metallrahmen sowie Pflanzen, wobei diese langwellige Strahlen ab-

18

LINKS: Ein elektrischer Heizlüfter mit Thermostatregelung
ist für Ihr Gewächshaus im
Winter eine praktische und
effektive Wärmequelle.

geben. Aber diese können nicht nach außen dringen und sorgen so für
eine warme Atmosphäre. Deshalb ist es wichtig, die Glasscheiben sauber
zu halten, damit möglichst viel Licht einfallen kann. Bei senkrechten
Gewächshauswänden wird ein erheblicher Teil der Sonnenstrahlen re-
flektiert; deshalb sind Kuppeln und andere Aufbauten mit Schrägen in
bezug auf Licht und Wärme wesentlich effektiver.

Die langwellige Strahlung kann natürlich auch durch eine künstliche
Heizung erzeugt werden. Das ist für die kurzen Wintertage von Bedeu-
tung. Nachfolgend stellen wir verschiedene Heizmethoden vor.

GASLEITUNGEN UND –FLASCHEN

Die Installation von Gasleitungen muß vom Fachmann durchgeführt
werden. Gasflaschen sind etwas einfacher anzuschließen, aber auch dies
muß professionell geschehen. Gasflaschen benötigen einen geschützten
Platz. Erforderlich sind zwei Flaschen mit einem automatischen Um-
schaltventil; das heißt: wenn eine Flasche leer wird, während Sie
schlafen, wird automatisch auf die andere umgeschaltet. Auch tragbare
Gasflaschen sind ggf. eine Lösung. Aber wenn Ihr Gewächshaus gut isoliert ist, kann es passieren, daß der Sicherheits-
mechanismus die Flamme löscht, wenn der Sauerstoffgehalt
der Luft geringer wird. Es kann auch zu einer leichten
Kondensation von Wasserdampf kommen, was am Glas und
Rahmen dann zur Algenbildung führt.

UNTEN: Aluminiumgestelle
sind für ein Gewächshaus
pflegeleicht und praktisch.

ÖLÖFEN

Anschaffung und Betrieb dieser Heizung sind relativ kosten-
günstig, allerdings stellen solche Öfen nicht die sauberste Lösung dar. Ölstand und Docht sollten Sie täglich überprüfen,
sonst könnte alsbald schwarzer Ruß austreten. Wie bei Gas
müssen Sie auch bei dieser Befeuerung für eine gute Belüftung sorgen. Nur so erreichen Sie eine gute Heizleistung
und vermeiden schädliche Dämpfe sowie Kondensation.

RECHTS: Mit Gas läßt es sich gut heizen, wenn Sie im Gewächshaus eine gleichbleibend hohe Temperatur benötigen. Aber achten Sie darauf, daß die Flaschen fachmännisch installiert werden.

ELEKTRISCHE HEIZUNG

Elektrizität stellt die zuverlässigste künstliche Wärmequelle dar. Heizungssysteme mit dieser Energiequelle sind sauber und auch leicht zu installieren. Wenn Ihre Anlage mit einem Thermostat ausgestattet ist und Sie für eine gute Isolierung sorgen, ist der Strom nicht so teuer. Wie oben bereits gesagt, müssen Sie die Elektroinstallation von einem Fachmann ausführen lassen. So gehen Sie sicher, daß alle Kabel richtig isoliert und die Steckdosen wasserdicht sind, daß ferner die Stromversorgung den Erfordernissen angepaßt ist und es auch eine Hauptsicherung gibt.

21

ELEKTRISCHE HEIZLÜFTER

Im Gewächshaus verwendet man als Heizquelle elektrische Lüfter oder Konvektoren, die kalte Luft ansaugen, sie erwärmen und dann abgeben. So werden kalte Nischen vermieden, weil die Luft im Haus ständig in Bewegung ist.

Solche Geräte müssen der Größe des Gewächshauses angepaßt sein und auch der erforderlichen Heizleistung. Die meisten Systeme haben eine Thermostatregelung; richten Sie sich bei der Installation strikt nach den Anweisungen des Herstellers. Bei der Wahl des Standorts im Gewächshaus sollten Sie bedenken, daß das Gerät leistungsfähiger arbeitet,

LINKS: Elektrische Heizungen gibt es in den verschiedensten Größen passend für jedes Gewächshaus. Tätigen Sie Ihren Kauf mit viel Umsicht. Ihr System muß Ihren ganz spezifischen Bedürfnissen entsprechen können.

OBEN: An den sonnenüberfluteten Tagen zur Jahresmitte benötigt ein Gewächshaus Schatten, damit es sich nicht zu sehr aufheizt; hier wurden von außen am Dach Rollos angebracht.

wenn Sie es möglichst bodenfern und zur Mitte des Raumes hin aufstellen. So wird sichergestellt, daß die Luft im gesamten Gewächshaus gleichmäßig erwärmt wird. VERWENDEN SIE KEINE HAUSHALTSHEIZLÜFTER – diese Geräte sind gewöhnlich nicht gegen die im Gewächshaus vorherrschende Feuchtigkeit gesichert.

Eine gute Isolierung kann Ihre Heizkosten stark reduzieren. Einige Hersteller bieten Gewächshäuser mit Doppelverglasung an, aber ein Hobbygärtner wird sich gewöhnlich auch mit Luftpolsterfolien begnügen, wie sie zum Verpacken verwendet werden. Diese Folien werden in Gartencentern und anderen Geschäften als Meterware angeboten. So müssen Sie nur kaufen, was Sie auch tatsächlich benötigen.

Eine Luftpolsterfolie läßt sich gut befestigen, wenn Sie spezielle Saugnäpfe oder Reißnägel verwenden (oder Klammern, die in die Nuten der Metallrahmen passen). Aber decken Sie mit dem Isoliermaterial nicht die Lüftungsschlitze und Fenster zu; verkleiden Sie diese einzeln, damit sie sich noch öffnen lassen. Viel Wärme geht gewöhnlich durch das Dach verloren; deshalb sollten Sie in kalten Nächten ein Segeltuch oder einfach eine Tischdecke als Schutzschirm aufspannen.

Luftpolsterfolien wie auch nahezu alle anderen Isoliermaterialien lassen weniger kurzwelliges Licht hindurch und sollten deshalb im Frühjahr entfernt werden, wenn die Aussaat die Hauptbeschäftigung des Gärtners ist; denn die jungen Sämlinge benötigen für eine gesunde Entwicklung alles Licht, das sie bekommen können.

Zusätzlich zu den Belüftungsklappen an den Seiten und am Dach läßt sich die Luftzirkulation im Gewächshaus mit einem Abzugsgebläse noch verbessern; dieses Gerät ist für Folientunnel besonders wichtig, weil dort eine stärkere Kondensation auftritt. Wenn Sie auf ein professionelles Gebläse verzichten wollen, empfehle ich die Anschaffung eines tragbaren Ventilators. Gebläse oder Ventilator sollten über einen Thermostat in Betrieb gesetzt werden können, wenn die gewünschte Temperatur überschritten wird. Ventilatoren sind übrigens auch im Winter von Nutzen, denn auch in dieser Jahreszeit beugt eine gute Luftzirkulation dem Befall durch Mehltau und Grauschimmelpilz vor. So spricht vieles für den thermostatgeregelten elektrischen Heizlüfter. Da er immer in Betrieb sein kann, aber nur wärmt, wenn der Thermostat das Heizelement einschaltet, sorgt er dauerhaft für eine gute Luftzirkulation.

Thermometer gehören zu den vielen nützlichen Einrichtungsgegenständen Ihres Gewächshauses. Aber darüber hinaus macht die Anschaffung eines zusätzlichen Thermometers Sinn, welches die höchste und die niedrigste Temperatur aufzeichnet. So können Sie feststellen, wie kalt und wie warm es im Gewächshaus wird und ggf. die Heizenergie regulieren oder entscheiden, ob Sie das Haus beschatten müssen, um die Sonnenhitze abzuhalten.

Die Beschattung eines Gewächshauses geschieht meistens durch Farbe, die auf der Außenseite der Verglasung aufgetragen wird; dazu gibt es be-

OBEN: **Gurkenpflanzen sind Rankgewächse, die sich um einen geeigneten Halt winden.**

OBEN: An einem Teil der Verglasung ist im Inneren ein Netz angebracht, um die Pflanzen zu schützen, die keine volle Sonne vertragen.

LINKS: Ein Gewächshaus läßt sich u.a. mit Netzen oder mit Farbe beschatten.

sondere Farben, die auch heftiger Regeneinwirkung standhalten, aber mit einem Tuch leicht vom Glas abgewischt werden können. Ein anderer Weg besteht darin, innen oder außen Rollos anzubringen. Wenn Ihnen das Aussehen nicht so wichtig ist, können Sie als vorübergehende Maßnahme auch ein Segeltuch oder ein altes Laken über das Gewächshaus spannen, wenn es zu heiß wird.

Neben dieser notwendigen Ausstattung eines Gewächshauses gibt es noch weitere Hilfen, die den Betrieb des Hauses verbessern können. Viele Gärtner profitieren von zusätzlichem Licht durch Pflanzenleuchten.

Es gibt ferner Berieselungssysteme, automatische Bewässerungsanlagen, Blenden etc., die heutzutage durch viel technische Intelligenz gesteuert werden, zum Beispiel durch photoelektrische Zellen, feuchtigkeitsempfindliche Fasern, Solarzellen etc. Je tiefer Sie in die Kunst des Gartenbaus im Gewächshaus eindringen, desto mehr werden Sie über diese Hilfen herausfinden.

Grundlagen der Gewächshauskultur

WAS IMMER SIE IN IHREM GEWÄCHSHAUS kultivieren wollen, seien es Usambaraveilchen oder ein Wintersalat, immer ist es nützlich zu wissen, wie Sie Ihre Pflanzen vermehren können.

Vermehrung

Die Vermehrung ist eines der produktivsten Unterfangen im Garten; dabei vereinfacht ein Gewächshaus Ihnen die Arbeit, neue Pflanzen zu ziehen, ganz erheblich.

Der Erfolg einer Vermehrung liegt im wesentlichen darin, daß Sie die Sämlinge bzw. Stecklinge gut feucht und warm halten sowie mit genug Licht versorgen. Das Gewächshaus kann für ausreichend Licht sorgen, die Feuchtigkeit und die Wärme müssen jedoch durch den Einsatz einer Anzuchthilfe erzielt werden. Es wäre zu teuer, ein ganzes Gewächshaus auf den richtigen Wärmegrad aufzuheizen.

Die einfachste Anzuchthilfe ist eine Plastiktüte, die Sie über Ihre Stecklinge oder Sämlinge im Topf stülpen. Dieses Verfahren läßt sich verbessern, indem Sie ein Gestell herstellen, das die Tüte aufrecht hält und dafür sorgt, daß diese nicht die Blättchen der Pflanze berührt. Befestigen Sie die Tüte am Topfrand mit einem Gummiband oder einem Stück Bindfaden. Sie können die Tüte auch ganz über den Topf stülpen und das offene Ende der Tüte dann unter den Topf stecken, um sie so zu verschließen. Nehmen Sie eine Tüte, die groß genug ist, damit über der Pflanze ausreichend Platz bleibt. Um das Kondenswasser von den Innenseiten der Tüte abtropfen zu lassen, geben Sie der Tüte ab und an einen leichten »Schlag«. Ich wende diese Methode an, und sie gelingt immer!

Eine andere einfache Anzuchthilfe verwende ich gern bei meinen Stecklingen: Dazu schneide ich eine 2-Liter-Kunststoffflasche in der Mitte durch; die untere Hälfte paßt dann genau auf den Rand eines Blumentopfes von 7,5 cm Durchmesser.

Oben: Das erste technische Hilfsmittel zur Pflanzenkultur, in das ein Gartenfreund investieren sollte, ist ein beheizbarer Anzuchtkasten.

Rechts: Durch Vermehrung Ihrer Pflanzen können Sie den Eindruck einer üppigen Vegetation schaffen, wie bei diesem Arrangement aus Hängekörben und Töpfen.

Schon wesentlich professioneller ist der Gebrauch von Aussaatschalen, jeweils mit einer durchsichtigen Kunststoffabdeckung. Man kann solche Abdeckungen in verschiedenen Größen kaufen, Sie müssen diese aber entfernen, sobald die Sämlinge ihre Köpfchen aus dem Boden recken. Vielleicht wollen Sie auch in einen kompletten Anzuchtkasten investieren. Es gibt dazu unterschiedliche Ausführungen, zum Beispiel solche mit einzelnen Segmenten, in denen Sie jeden Samen oder Steckling von seinen Nachbarn trennen können, damit das Wurzelwerk jeweils separat bleibt und das Umpflanzen müheloser vonstatten geht. Aussaatschalen lassen sich auch mit Frischhaltefolie abdecken.

Schalen und Kästen dieser Art machen Sinn, wenn Sie keinen beheizten Anzuchtkasten zur Verfügung haben; Erfolg haben Sie damit in den warmen Sommermonaten und im Spätsommer, wenn viele Stecklinge abgenommen werden. Aber wenn Sie im zeitigen Frühjahr aussäen möchten oder Pflanzen bewurzeln möchten, die eine Bodenheizung verlangen, kommen Sie nicht umhin, sich der fortschrittlicheren Technologie zuzuwenden. Dafür gibt es im Handel Anzuchtkästen mit eingebauter Bodenheizung.

Solche Vorrichtungen bestehen gewöhnlich aus einer tiefen Kunststoffschale mit einem in den Boden eingelassenen Heizkabel. Der Boden wird mit einer Schicht feuchtem, eigens dafür vorgesehenem Sand bedeckt. So verteilt sich die Wärme gleichmäßig an der Oberfläche, auf der die Töpfe oder Schalen stehen. Setzen Sie darüber die Kunststoffabdeckung, und stellen Sie den Thermostat ein – dann fangen die Samen oder Stecklinge schneller an zu wachsen, als Sie glauben.

Ein moderner Anzuchtkasten hat dieses System noch verfeinert. Es handelt sich dabei um ein Gestell, dessen Seitenränder ca. 25 cm hoch sind. Der Boden ist mit einer 5 cm dicken Schicht Spezialsand bedeckt, darüber befinden sich die Heizkabel und ein Temperaturfühler. Eine weitere Sandschicht schützt die Heiztechnik. Die Abdeckung des Anzuchtkastens besteht aus einer durchsichtigen Polyäthylenfolie, die auf einen Rahmen von den Abmessungen des Anzuchtkasten gespannt ist.

Stecklinge gedeihen gut, wenn sie feucht gehalten werden. Das erreichen Sie am besten, wenn Sie in den Kasten ein Sprühnebelsystem integrieren. Der Sprühkopf verbreitet um die Stecklinge einen feinen feuchten Nebel; er sprüht nur, wenn der Regler feststellt, daß die Feuchtigkeit in der Umgebung der Pflanzen zurückgeht.

AUSSAAT

Die Aussaat ist die grundlegende Methode, neue Pflanzen zu ziehen, und wird gewöhnlich angewendet, um Gemüse sowie ein- und zweijährige Blumen für den Garten zu kultivieren. Denken Sie aber daran, daß die Pflanzen ihren Eltern nicht gleichen werden, wenn Sie Hybriden vermehren. Sie sehen vielleicht

OBEN: Es gibt automatische Bewässerungssysteme; der Anfänger wird sich aber gern auf die gute alte Gießkanne verlassen. Sie muß allerdings eine feine Brause haben, so daß die Sämlinge nicht ausgewaschen werden. Durch diese einfache Art des Wässerns bleibt der Gärtner in stetem Kontakt mit seinen Pflanzen. Das ist der Vorteil gegenüber einer automatischen Anlage. Doch diese ist für den Züchter heute fast unabdingbar.

UNTEN: Ein Gewächshaus zeigt all seine Vorzüge, wenn es zur Vermehrung und Kultivierung exotischer Pflanzen genutzt wird.

OBEN: Wenn Sie im Gewächshaus viele verschiedene Pflanzen aussäen, ist es ratsam, Etiketten zur Hand zu haben. So verlieren Sie später nicht den Überblick über die Sämlinge.

UNTEN: Wenn die Sämlinge heranwachsen, müssen sie in einzelne Töpfe pikiert und auf den Gestellen verteilt werden. So haben sie ausreichend Platz und können zu kräftigen Pflanzen heranwachsen.

nur dem einen oder nur dem anderen Elternteil ähnlich oder haben eine abweichende Farbe. Selbst Sämlinge von echten Arten können Unterschiede in der Farbintensität, Blütengröße etc. aufweisen.

Für die Aussaat füllen Sie einen Topf mit feuchtem Substrat, drücken es leicht fest und wässern dann gut. Geben Sie dem Wasser ein Fungizid bei, damit die sich entwickelnden Sämlinge keine Fäulnisbildung zeigen. Verteilen Sie die Samen dünn und gleichmäßig auf der Oberfläche des Substrats und geben Sie darüber eine dünne weitere Schicht Ihrer Mischung. Anschließend müssen Sie nochmals wässern (wieder mit einem verdünnten Fungizid) und den Topf in eine Plastiktüte stellen oder ihn auf andere Weise abdecken. Die Samen sollten dann in sieben bis zehn Tagen keimen. Sobald Sie sehen, daß die Saat aufgeht, stellen Sie den Topf ins Licht.

Wenn sich bei den Sämlingen die ersten Laubblätter (im Gegensatz zu den Keimblättern) entwickeln, heben Sie sie vorsichtig aus dem Substrat. Halten Sie die Sämlinge dabei immer an den Blättern, und nicht am Stengel. Wenn ein Blatt reißt, kann es durch ein neues ersetzt werden, mit einem geknickten Stengel aber ist die Pflanze verloren.

Pikieren Sie die Sämlinge großer Pflanzen (z.B. Melonen, Gurken, Paprika, Auberginen und Tomaten) in einzelne Töpfe. Salat, Kräuter, Ringelblumen oder kleine einjährige Pflanzen etc. können in Schalen (in Reihen) pikiert werden. Aber sie dürfen nicht zu dicht stehen; wenn sie nämlich weniger als 2,5 cm Abstand haben, wachsen sie schwach und verkümmern, da sie dann miteinander um Nährstoffe und Licht konkurrieren. In einer genormten Standardaussaatschale können fünf Pflanzen in der Breite und sechs in der Länge (30 Pflanzen) als guter Durchschnitt betrachtet werden.

Lassen Sie Ihre Sämlinge nach dem Umpflanzen noch einige Tage im Gewächshaus. Wenn das Wetter dann wärmer wird, stellen Sie sie jeden Tag für einige Stunden ins Freie. Mit zunehmender Wärme sollte dieser Zeitraum in der frischen Luft ausgedehnt werden. Man nennt dieses Vorgehen »Abhärtung« – unabdingbar bei der Aufzucht von Pflanzen aus Samen. Es wäre falsch, eine junge Pflanze übergangslos der »rauhen Welt« des Gartens auszusetzen.

STECKLINGE

Grünstecklinge stammen vom diesjährigen Wuchs und werden im Frühjahr und im Sommer abgenommen. Wählen Sie dazu gesunde, nichtblühende Triebe, möglichst am frühen Morgen, wenn sie noch frisch sind und noch nicht den Sonnenstrahlen ausgesetzt waren. Die Stecklinge sollten Sie in eine angefeuchtete Plastiktüte tun, damit sie nicht austrocknen.

Bereiten Sie die gefüllten Töpfe und Schalen wie für die Aussaat vor; geben Sie aber noch etwas groben Sand hinzu, um das Substrat etwas aufzulockern. Denn ist dieses zu fest (oder zu feucht), können die Stecklinge leicht verrotten.

Betrachten Sie jetzt den Steckling selbst: Der Punkt, an dem die Blätter aus dem Stengel treten, heißt Knoten oder Nodium. Unter einem solchen Knoten müssen Sie den Trieb so sauber wie möglich abschneiden. Verwenden Sie besser ein scharfes Messer als eine Schere, die beim Schnitt leicht Quetschungen verursachen kann. Dann sollten Sie alle mit Ausnahme der obersten zwei Blattpaare entfernen, damit der Steckling möglichst wenig Feuchtigkeit verliert. Einige Blätter sind jedoch auch für den Steckling lebenswichtig, damit die Photosynthese gewährleistet ist. Achten Sie darauf, daß Sie den Trieb nicht beschädigen.

Tauchen Sie das abgeschnittene Ende in ein Bewurzelungshormon. Anschließend schütteln Sie das überschüssige Pulver ab – zuviel davon würde den Steckling abtöten. Die Hormonbehandlung ist nicht unbedingt erforderlich, dürfte die Bewurzelung aber beschleunigen.

Dann stechen Sie mit Ihrem Pflanzholz ein Loch in das Substrat und setzen den Steckling zu etwa einem Drittel hinein. Zuletzt drücken Sie die Erde fest, wässern mit einer Fungizidlösung und stellen die Töpfe und Schalen in den abgedeckten Anzuchtkasten. Schützen Sie Ihre Stecklinge vor zu starkem Sonnenlicht.

Ihre Stecklinge werden nach etwa vier bis fünf Wochen bewurzelt sein. Um diese Entwicklung zu überprüfen, können Sie an der Pflanze vorsichtig etwas ziehen; spüren Sie einen Widerstand, haben sich die Wurzeln bereits gebildet. Jetzt können die Töpfe und Schalen aus dem Anzuchtkasten herausgenommen und abgehärtet werden. Danach erfolgt die Umpflanzung in eigene Töpfe.

Halbreife Stecklinge nimmt man später im Sommer ab, wenn der einjährige Wuchs an der Basis zu verholzen beginnt. Sie sollten etwa die Größe eines Bleistifts haben und werden von der Elternpflanze getrennt, indem man sie mit einer schnellen Bewegung nach unten abreißt, so daß eine kleine Zunge des alten Holzes an der Basis verbleibt. Diese Zunge sollte sauber eingekürzt werden. Übrig bleibt an der Basis des Stecklings nur ein winziges Stückchen des alten Holzes. Hier werden sich dann die Wurzeln entwickeln.

Entfernen Sie alle Blätter außer den obersten drei oder vier, und fahren Sie fort wie bei Grünstecklingen. Halbreife Stecklinge, auch Abrisse genannt, bewurzeln auch unter kühleren Bedingungen und können deshalb auf den Gestellen des Gewächshauses bleiben.

Stammstecklinge werden im Sommer abgenommen, und zwar so, daß sich in der Mitte eines ca. 3 cm langen Stückes ein Knoten mit einem Blatt und einem gesunden kräftigen Auge befindet. Verfahren Sie hierbei

OBEN: **Für eine Vermehrung durch Stecklinge benötigen Sie ein Bewurzelungshormon (als Pulver oder als Lösung), ein scharfes Messer zum Kürzen, saubere Töpfe und ein lockeres Substrat, das für Stecklinge geeignet ist.**

RECHTS: Sobald die Stecklinge Wurzeln gebildet haben, können sie aus dem Anzuchtkasten genommen und in eigene Töpfe gesetzt werden. Die Stecklinge benötigen jetzt keine Abdeckung mehr, müssen aber zum Abhärten vorerst im Gewächshaus bleiben; beschatten Sie sie an den sonnigen Tagen.

wie mit Ihren Grünstecklingen, wobei Sie mindestens ein Blatt und das Auge am Steckling erhalten müssen. Pflanzen Sie einen Stammsteckling so ein, daß sich der Knoten im Boden befindet. Die Wurzeln entwickeln sich an der Basis des Knotens.

Blatt-Teilstecklinge bestehen aus jungen Blättern, die zur Mitte des Sommers von der Elternpflanze genommen werden. Legen Sie die Blätter mit der Unterseite nach oben auf eine saubere Oberfläche, und nehmen Sie mit einem scharfen Messer an den Hauptadern kleine (das Blatt durchtrennende) Einschnitte vor. Dann drehen Sie das Blatt wieder um und legen es auf eine Schale mit feuchtem Substrat, wobei Sie sicher sein müssen, daß die angeschnittenen Adern das Substrat berühren. Geben Sie kleine Steinchen auf das Blatt, um es zu beschweren, und bedecken Sie die Schale mit einem Stück Glas oder einer Frischhaltefolie. Anschließend stellen Sie die Schale an einen warmen schattigen Platz. Nach einigen Wochen bilden sich an den Schnittstellen Wurzeln; die neuen Pflänzchen werden sich an der Oberseite des Blattes entwickeln. Wenn

31

diese groß genug geworden sind, topfen Sie sie ein. Mit dieser Methode werden häufig Begonien und Drehfrüchte (*Streptocarpus*) vermehrt.

Die andere Methode der Vermehrung mit Blatt-Teilstecklingen besteht darin, das Blatt in Teilstücke mit je einem Aderstück zu zerschneiden. Begonienstückchen können Sie flach auf das Substrat legen; die Teilstücke von Drehfruchtblättern stecken Sie senkrecht bis zur Hälfte in das Substrat. Mit dieser Methode können Sie auch Bogenhanf (*Sansevieria*) sowie den Weihnachts- und Osterkaktus vermehren, wobei bei Kakteen ein Stück der Pflanze zur Hälfte in das Substrat gesteckt wird. Es wird schneller bewurzeln als Sie glauben!

Blattstecklinge nimmt man gern zur Vermehrung von Usambaraveilchen. Entfernen Sie ein gesundes Blatt, und kürzen sie den Blattstiel (die Petiole) auf etwa 2,5 cm Länge. Dann tauchen Sie die Schnittfläche in ein Bewurzelungshormon und setzen das Blatt anschließend in das Sub-

UNTEN: Usambaraveilchen gehören zu den beliebtesten Pflanzen; sie können leicht durch Blattstecklinge vermehrt werden. Hier ist die Sorte 'Olga' abgebildet.

RECHTS: Die Grünlilie ist eine verbreitete Zimmerpflanze; sie läßt sich leicht durch die jungen Pflänzchen am Ende der langen Ausläufer vermehren, die von der Mutterpflanze ausgehen.

UNTEN: Im zeitigen Frühjahr hat der Gemüsegärtner einen geschäftigen Beginn, wenn er Tomaten, Bohnen und Saat-kartoffeln in Schalen aussät.

strat, wobei das Blatt selbst den Boden nicht berühren soll. Der Stengel darf nicht aufrecht stehen, sondern muß einen flachen Winkel aufweisen. Dann sollten Sie mit einer Fungizidlösung wässern, den Steckling in den Anzuchtkasten geben und ihn vor direkter Sonneneinstrahlung schützen.

AUSLÄUFER

Dabei handelt es sich um neuen Wuchs, der von der Elternpflanze ausgeht und am Ende von langen Trieben auftritt. Binden Sie das Ende eines Ausläufers in einen Topf mit Substrat herunter. Es wird problemlos bewurzeln und kann dann abgetrennt werden. Haben Sie es aber mit vielen Ausläufern zu tun, die Sie alle bewurzeln wollen, dann trennen Sie diese sofort von der Mutterpflanze, pflanzen sie in eine Schale mit Substrat, wässern sie anschließend mit einer Fungizidlösung und stellen die Schale in einen warmen, abgedeckten Anzuchtkasten.

TEILUNG

Eine weitere Methode der Vermehrung besteht darin, eine Mutterpflanze auszugraben und zu teilen. Bei vielen Stauden stirbt die Mitte im Alter ab, sie wachsen aber im äußeren Bereich weiter. Schneiden oder reißen Sie die Mutterpflanze in genügend große Stücke, wobei jedes mindestens zwei Vegetationspunkte aufweisen sollte. Greifen Sie sich die Wurzeln in einem Bündel, und kürzen Sie dann alle hervorstehenden Enden. Dahlien, Schwertlilien und andere Knollen- oder Rhizompflanzen können auf diese Art vermehrt werden – Sie schneiden einfach Stücke heraus oder teilen die Pflanzen; anschließend bestäuben Sie die Schnittkanten mit einem Fungizid und topfen Ihre Stücke zum Bewurzeln ein.

Brutzwiebeln bilden sich am Zwiebelboden. Graben Sie eine reife Zwiebel aus, dann werden Sie an der Basis mehrere kleinere Zwiebeln erkennen. Nehmen Sie diese ab, und pflanzen Sie sie ein. Einige Lilienarten bilden Brutzwiebeln auch in den Blattachseln (die Stelle zwischen dem Blattstiel und Pflanzenstengel).

Zwiebelstecklinge, von Lilienzwiebeln abgenommen und senkrecht in Schalen mit feuchtem Substrat gesteckt, bringen an ihrer Basis kleinere Zwiebelchen hervor.

Zwiebeln, die auf diese Weise vermehrt wurden, werden erst nach einigen Jahren blühen. Sie müssen in dieser Zeit regelmäßig gedüngt und gewässert werden.

ABMOOSEN

Auf diese Art lassen sich Ableger von großen verholzten Pflanzen wie dem Gummibaum gewinnen, auch von strauchigen Prachtexemplaren der Alpenrose (*Rhododendron*). Das Abmoosen beruht auf der natürlichen Neigung der Pflanzen, Wurzeln zu bilden, wo immer ein Trieb den Boden berührt. Diese Behandlung sollte am besten im Spätsommer durchgeführt werden.

Wählen Sie einen gesund aussehenden, langen, geraden Seitentrieb, der sich in der Reifung befindet. Dann schneiden Sie ihn mit einem scharfen Messer in der Mitte ein, und zwar schräg in Richtung auf die Wachstumsspitze. Heben Sie die kleine Rindenzunge etwas an, und klemmen Sie einen kleinen Holzsplitter dazwischen (auch ein Stück Streichholz leistet gute Dienste). So liegt die Wunde gut frei, und Sie können sie mit einem Bewurzelungshormon einstäuben.

Damit um die Wunde ein feuchtes Milieu entsteht, wird sie von feuchtem (nicht tropfnassem) Torfmoos umgeben, das in Gartencentern erhältlich ist. Dann umwickeln Sie diese Stelle mit Kunststofffolie, um das Austrocknen zu verhindern, und verschließen beide Enden der Folie mit Gummiband. Halten Sie die Mutterpflanze gut warm und feucht. Nach

OBEN: Wenn die Verglasung des Gewächshauses mit einer Luftpolsterfolie isoliert ist, hat der Gärtner die Möglichkeit, viele der empfindlichen Pflanzen zu kultivieren.

einigen Monaten der Geduld werden Sie sehen, daß aus dem Moos die neuen Wurzeln austreten. Jetzt können Sie den Trieb von der Elternpflanze trennen, wobei Sie einen glatten Schnitt direkt unterhalb der neuen Wurzeln ansetzen und die neue Pflanze eintopfen.

Stets ist es äußerst wichtig, beim anfänglichen Wässern ein Fungizid beizugeben. Auch müssen die Messer und anderen Hilfsmittel absolut sauber sein, ebenso die Töpfe und Schalen; verwenden Sie zum Reinigen ein Desinfektionsmittel.

Töpfe und Eintopfen

Früher bevorzugten die Gärtner für ihre Gewächshauspflanzen Töpfe aus Ton oder Terrakotta. Doch Ton ist porös und kann im Mikroklima eines Gewächshauses leicht austrocknen. Tontöpfe werden auch von grünen Algen überzogen und müssen deshalb von Zeit zu Zeit gereinigt werden.

In Kunststofftöpfen kann das Substrat die Feuchtigkeit besser halten; diese Töpfe bleiben auch sauber, aber nach einiger Zeit des Gebrauchs

UNTEN: **Für die Vermehrung benötigen Sie Aussaatschalen und Töpfe; manche Schalen haben unterschiedliche Einsätze, um die Wurzeln der Pflanzen nicht allzuoft durch das Pikieren und Eintopfen zu stören.**

wird ihre von Hause aus glänzende Oberfläche stumpf und zerkratzt. Kunststofftöpfe wiegen weniger als Tontöpfe und können deshalb leichter umfallen, wenn eine Pflanze kopflastig wird.

Blumentöpfe gibt es in Standardgrößen von 5 bis 45 cm Durchmesser. Für entwickelte Pflanzen sind runde Töpfe am besten geeignet, für Stecklinge und Sämlinge empfehle ich aber viereckige, weil sie platzsparend sind. Was die Massenproduktion anbelangt, so sollten Sie spezielle Plastiktaschen in Betracht ziehen, die Entwässerungslöcher haben. Sie sind wirtschaftlich, aber nicht einfach zu handhaben, weil Sie darauf achten müssen, die dünnen Taschen gleichmäßig zu füllen und Lufteinschlüsse an den Wurzeln der Pflanzen zu vermeiden.

UNTEN: Sie sollten Ihre Pflanzen im Gewächshaus nicht zu dicht stellen, um das Risiko für Krankheiten nicht noch zu erhöhen.

OBEN: Die Kirschtomate 'Sungold' wird wegen ihrer süßen Früchte geschätzt, auch wegen ihrer reichen Erträge. Sie gedeiht gut in Töpfen im Gewächshaus.

Für die Aussaat können Sie gepreßte, getrocknete Torfballen (Jiffy Pots) kaufen; tränken Sie sie mit Wasser, dann quellen sie auf zu einem geeigneten Substrat für die Aussaat. Wenn die Pflanze groß genug ist, um sie in den Garten oder einen Topf umzupflanzen, kann der ganze Ballen einfach in die Erde gesetzt werden, ohne die Wurzeln dabei stören zu müssen.

EINTOPFEN

Wenn eine Pflanze von ihrem Anzuchtkasten umgesetzt werden kann, wählen Sie einen Topf oder eine Schale von ausreichender Größe für mindestens ein weiteres Lebensjahr. Verwenden Sie dabei ein geeignetes Substrat, ggf. unter Beigabe eines Langzeitdüngers. Drücken Sie das Substrat gut fest, aber doch vorsichtig, damit Sie die Wurzeln nicht beschädigen.

Sie müssen wissen, ob Ihre Pflanze saure oder alkalische, durchlässige, sandig-lehmige, wasserspeichernde oder humose Erde bevorzugt. Danach wählen Sie das Topfsubstrat aus; es gibt im Handel spezielle Substrate für Usambaraveilchen, Alpenrosen und Kakteen, auch eine Allzweckerde für Zimmerpflanzen. Setzen Sie einen Volldünger ein, der seine Nährstoffe erst im Laufe der Zeit freisetzt, oder einen flüssigen Blattdünger, mit dem Sie die Blätter besprühen können.

Nehmen Sie dabei saubere, unbeschädigte Töpfe, am besten von gleichem Aussehen, damit Ihre Pflanzenpracht ein einheitliches Bild abgibt. Kletterpflanzen müssen Sie unbedingt eine Stützhilfe geben; im Fachhandel steht dafür ein reiches Sortiment zur Verfügung. Das Angebot erstreckt sich von einfachen dünnen Bambusrohren bis hin zu kunstvollen Metallspalieren. Manche Kletterpflanzen finden ihren Weg zur Stützhilfe von selbst; ansonsten haben Sie verschiedene Möglichkeiten, Ihre Pflanze dort einzubinden; Sie können einen Metallring wählen, aber lassen Sie etwas Spiel, damit dieser Ring die im Laufe der Zeit dicker werdenden Triebe nicht einschneidet. Auch natürlicher Bast und Kunststoffbast, einfache Drahtschlingen etc. werden gute Dienste tun. Stellen Sie die Stützhilfe grundsätzlich zuerst in den Topf, bevor Sie das Substrat auffüllen; so gewährleisten Sie, daß Sie die Wurzeln nicht beschädigen, und daß die Stützhilfe gut im Boden verankert ist.

Bei Tontöpfen sollten Sie eine Lage Tonscherben auf den Boden legen; so sorgen Sie für eine bessere Entwässerung (bei Kunststofftöpfen ist das nicht erforderlich). Dann geben Sie darauf eine Schicht Substrat. Wässern Sie den Sämling oder Steckling, und heben Sie die junge Pflanze hiernach mit einer alten Gabel (oder mit einer speziellen Grabegabel) aus der Schale; halten Sie die Pflanzen dabei an den Blättern, nicht am Stengel. Setzen Sie sie in die Mitte des Topfes, und geben Sie dann Substrat auf den Wurzelballen. Wenn Sie den Topf zur Hälfte mit Erde aufgefüllt haben, schlagen Sie von außen leicht gegen die Topfseiten, damit die Erde sich setzen kann. Schließlich füllen Sie den Topf komplett auf. Am Schluß wässern Sie mit einer Fungizidlösung.

UMTOPFEN

Wenn der Wurzelballen für den Topf zu groß geworden ist, muß die Pflanze umgetopft werden. Einige Blütenpflanzen, wie Zierpelargonien und Usambaraveilchen, gedeihen am besten, wenn die Wurzeln schon durch die Entwässerungslöcher hindurchgewachsen sind; beeilen Sie sich also nicht zu sehr mit dem Umtopfen!

Beim Umtopfen Ihrer Pflanze sind Sie gut beraten, einen Topf der nächstmöglichen Größe zu wählen. Drehen Sie die Pflanze um, und schlagen Sie dabei vorsichtig von außen auf den Rand des Topfes, damit sich die Pflanze lösen kann. Vielleicht möchten Sie etwas von der alten Erde entfernen. Lockern Sie den Wurzelballen dazu etwas auf, so daß neues Substrat in den Wurzelbereich kommen kann. Dann setzen Sie die Pflanze in den neuen Topf und füllen frisches Substrat auf. Wenn der Topf bis auf 2,5 cm unterhalb des Randes gefüllt ist, schlagen Sie erneut vorsichtig von außen auf den Rand des Topfes, damit sich das Substrat setzen kann; anschließend füllen Sie den Topf bis auf 1 cm unter dem Rand auf und wässern Ihre Pflanze mit einem feinen Strahl.

OBEN: Es erfüllt jeden Gärtner mit Genugtuung, wenn er beobachten kann, wie sich eine Pflanze aus einem Samenkorn zu reifer Pracht entwickelt; beispielsweise eigene Beetpflanzen (hier: Primeln) aufzuziehen ist zudem auch noch kostensparend.

Später wird die Pflanze ihre volle Größe erreichen, bzw. die von Ihnen gewünschte Größe, die Sie durch einen Rückschnitt des oberirdischen Wuchses und der Wurzeln bewahren können. Lassen Sie Ihre Pflanze von nun an im selben Topf, aber erneuern Sie das Substrat einmal jährlich. Die beste Zeit dafür ist das Frühjahr. Nehmen Sie die Pflanze aus ihrem Topf und versuchen Sie am Wurzelballen soviel vom alten Substrat zu entfernen wie möglich. So lockern Sie die Wurzeln und können sie ggf. jetzt auch zurückschneiden (bei einer größeren Pflanze sollten Sie mindestens 5 cm des Oberbodens entfernen und durch neues Substrat ersetzen). Dann säubern Sie den Topf, geben eine Schicht neues Substrat auf den Boden, setzen die Pflanze wieder ein und füllen dann frische Erde auf, die Sie am Wurzelballen gut festdrücken. Zum Schluß sollten Sie Ihre Pflanze gut wässern.

Schädlinge und Krankheiten

All das Übel, das im Freien über Ihre Pflanzen hereinbrechen kann, droht ihnen auch im Gewächshaus; Sie müssen sehr umsichtig sein, um Ihren Gewächshausgarten davor zu bewahren. Vorbeugung ist stets der beste Weg zum Ziel – halten Sie Ihr Gewächshaus darum vor allem sauber. Sie sollten jedes Jahr an einem sonnigen Tag im zeitigen Frühjahr alle Pflanzen aus dem Haus herausnehmen, wenn möglich auch die Gestelle, und es mit einem eigens dafür geeigneten Desinfektionsmittel reinigen.

RECHTS: **Begonien haben einen hohen Schmuckwert. Sie lassen sich im Gewächshaus ziehen. Wenn sie später in Töpfen ins Freie gesetzt werden, können ihre prächtigen Farben voll zur Geltung kommen.**

LINKS: Hygiene ist das A und O im Gewächshaus, um es frei von Schädlingen und Krankheiten zu halten. Es muß nach jeder Pflanzengeneration gründlich gereinigt werden. Das ist beispielsweise bei Tomaten besonders wichtig, speziell wenn sie von Weißen Fliegen befallen sind. Dieser Befall kommt unter Glas häufig vor.

Wischen Sie den Algenbelag vom Glas sowie Rahmen, und fegen Sie alle Pflanzenabfälle vom Boden und aus den Ecken; kurz gesagt, reinigen Sie das gesamte Gewächshaus so gründlich, wie es Ihnen möglich ist.

Von den Gestellen sollten Sie alle beweglichen Teile abheben (und ggf. austauschen), dann waschen bzw. ausspülen. Den Kies können Sie in eine große, mit Wasser gefüllte Schüssel o.ä. geben; so wird der Schmutz an die Oberfläche geschwemmt und kann abgegossen werden. Überprüfen und reinigen Sie vor allem Ihre Blumentöpfe; richten Sie Ihr Augenmerk dabei auch auf die Pflanzen, und topfen Sie sie ggf. um.

Natürlich sollte den Pflanzen im ganzen Jahreslauf Ihre Aufmerksamkeit gelten. Erkranktes Pflanzengut muß vernichtet bzw. unter Quarantäne gestellt werden. Bei alledem sind Sie gut beraten, der Praxis erfahrener Gärtner zu folgen. Oberster Grundsatz ist, Ihre Pflanzen regelmäßig zu düngen und sie angemessen zu wässern (nicht zuviel!). Das ist die sicherste Gewähr, sie gesund zu halten. Im Gewächshaus gilt, wie im Leben überhaupt, daß Vorbeugung besser ist als Heilung.

UNTEN: Diese Tulpe ist von Blattläusen befallen.

SCHÄDEN AN WURZELN UND STENGELN

Ameisen sind eine allgegenwärtige Plage. Sie kämmen in den Gefäßen den Boden durch und schädigen das Wurzelwerk.

Erdraupen sind bräunlich-grüne Schädlinge, die sich direkt unter der Bodenoberfläche aufhalten. Sie fressen sich an der Pflanzenbasis durch die Stengel und können so die Pflanze von ihren Wurzeln trennen.

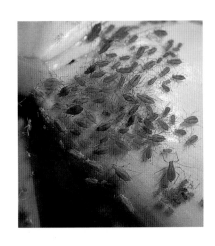

OBEN: Der Gefurchte Dick-maulrüßler befällt Triebe, Wurzeln, Knollen und Zwiebeln.

Älchen sind mikroskopisch kleine Würmer, die das Gewebe von Stengeln und Wurzeln angreifen.

Stechmückenlarven sind erdfarbene Larven, die sich im Boden aufhalten; sie ernähren sich von den Pflanzenwurzeln.

Mäuse und Ratten sind die gefürchteten Plagegeister, die sich gern an den Blumenzwiebeln (besonders von Krokussen) und an den Sämlingen gütlich tun.

Wurzelblattläuse saugen sich an den Wurzeln befallener Pflanzen fest, diese verkümmern als Folge.

Schnecken sind Gartenschädlinge, die sich gern im feuchten schattigen Milieu aufhalten (Nacktschnecken gern direkt unter der Erdoberfläche). Sie fressen alle Teile der Pflanzen.

Gefurchte Dickmaulrüßler sind grauschwarze Käfer, die Pflanzentriebe, Wurzeln, Knollen und Zwiebeln auffressen.

RECHTS: Schnecken hinterlassen eine schleimige Spur, fressen die Stengel an und durchlöchern die Blätter.

SCHÄDEN AM BLATT UND STENGEL

Blattläuse (einschließlich grüner und schwarzer Läuse) sind kleine fliegende Insekten, die den Pflanzensaft der Blätter und Stengel aussaugen. Sie treten oft in Massen auf, vor allem an den Spitzen saftiger junger Triebe.

Schmetterlingsraupen sind häufig vorkommende Gartenschädlinge, die die Blätter und Stengel vieler Pflanzenarten anfressen. Aus ihnen werden dann später Schmetterlinge und Motten.

Ohrwürmer sind gelbbraune Insekten mit gebogenen Zangen; sie fressen die Blätter, Blüten und Kronblätter an.

Erdflöhe sind kleine schwarze Käfer; sie befallen besonders häufig Kohlgewächse. Wenn sie von den Blättern springen, erzeugen sie ein deutlich hörbares Geräusch.

Minierfliegen hinterlassen in den Blättern weiße oder braune Flächen, die je nach Minierfliegenart geradlinig, kreisförmig oder unregelmäßig geformt sein können.

Schmierläuse sind kleine grauweiße Insekten, die sich beim Fressen mit weißen Wachsfäden umgeben.

Spinnmilben sind mit dem bloßen Auge kaum wahrzunehmen; Anzeichen eines Befalls sind verblassende, dann vergilbende Blätter, die von einem feinen Spinngewebe überzogen sind.

Schildläuse sind daran zu erkennen, daß die Blätter vom Honigtau klebrig und von Rußtaupilzen schwarz gefärbt sind. Die Eier befinden sich in weißen Ablagerungen.

Blasenfüße sind kleine gelbe, braune oder schwarze Insekten, die auf der Blattoberfläche silbrigweiße Flecken mit schwarzen Pünktchen verursachen.

Weiße Fliegen sind winzige weiße Insekten, die besonders im Gewächshaus zu einem großen Problem werden können. Bei auftretendem Schaden vergilben und verwelken die Blätter. Weiße Fliegen hinterlassen auf den Pflanzen einen schwarzen Rückstand.

Asseln sind kleine gürteltierähnliche Insekten mit unterteilten Rückenschilden und vielen Beinen. Asseln verursachen vor allem Schäden an Keimlingen und an den Blättern nahe der Sproßspitze.

Diese Schädlinge lassen sich mit kombinierten chemischen Präparaten bekämpfen. Es gibt auch gezielte Vorgehensweisen, zum Beispiel das Ausräuchern, das gegen Weiße Fliegen hilft. Viele Insektizide werden als Pulver angeboten. Solche Präparate sind besonders gegen Ameisen und Asseln wirksam. Insektizide wirken häufig systemisch, was bedeutet, daß sie in den Kreislauf der Pflanze gelangen und so von den Insekten aufgenommen werden, die sich am Pflanzensaft gütlich tun. Beim Einsatz von Insektiziden müssen Sie unbedingt den Angaben des Herstellers folgen.

OBEN: Blattläuse können in kürzester Zeit einen ganzen Bestand von Blumen und Gemüsen schädigen.

UNTEN: Wenn sich Weiße Fliegen erst einmal eingenistet haben, sind sie nur noch schwer auszurotten.

KRANKHEITEN

Botrytis (Grauschimmelpilz), Mehltau, Wurzelfäule, Rußtau, Stengelfäule, Welkekrankheit, Blattfleckenkrankheiten und Schwarzfleckigkeit sind die am häufigsten auftretenden Pilzerkrankungen; zu ihrer Bekämpfung sind eine ganze Reihe von Sprays auf dem Markt.

WARNHINWEIS: Es ist unbedingt erforderlich, mit Insektiziden und Fungiziden äußerst vorsichtig umzugehen und genau den Angaben des Herstellers zu folgen. Einige sind reizauslösend bzw. gesundheitsschädlich und werden mit einem schwarzen Kreuz gekennzeichnet. Wenn Ihre Haut in Kontakt mit diesen Mitteln kommt, müssen Sie sie sofort gründlich abwaschen. Schützen Sie Ihre Augen stets mit einer Schutzbrille, und bedecken Sie Nase sowie Mund immer mit einer Maske oder mit einem gefalteten Tuch. Verwenden Sie grundsätzlich keine Chemikalien, wenn Kinder oder Haustiere in der Nähe sind, und halten Sie diese Chemikalien unter Verschluß – bewahren Sie sie, um Irrtümer auszuschließen, niemals in Lebensmittelbehältern auf! In der Reichweite von Unbefugten können sie schlimmste Folgen nach sich ziehen.

BIOLOGISCHER PFLANZENSCHUTZ

Viele Gärtner bevorzugen für ihre Pflanzenkultur den Einsatz natürlicher Schutzmethoden. Dazu zählen zum Beispiel die Anlage von Mischkulturen (wobei bestimmte Pflanzengemeinschaften das Auftreten von Schädlingen reduzieren). Einige stark duftende Pflanzen wie Pfefferminze und Knoblauch wirken auf Schädlinge, die durch Gerüche angelockt

OBEN: Der Grauschimmelpilz, auch als Botrytis bekannt, greift das Laub und die Früchte an; ferner läßt er die Blütenknospen an den Stengeln verwelken, hier zu sehen bei Erdbeeren und Rosenknospen.

werden, abschreckend. Das bewußte Anpflanzen von solchen Arten kann Schädlinge von anderen Pflanzen fernhalten oder Räuber anlocken, die sich von Schädlingen ernähren.

Biologischer Pflanzenschutz hat in den letzten Jahren an Beliebtheit gewonnen und funktioniert nach dem Prinzip, daß der Räuber den Räuber in Schach hält. Diese Methode eignet sich besonders gut für das Gewächshaus, weil dessen geschlossene, warme und feuchte Umgebung ideale Bedingungen für diese natürlichen Abläufe schafft. Schädlinge sind oftmals so klein, daß sie mit bloßem Auge kaum zu erkennen sind.

Biologische Pflanzenschutzmittel können Sie heute zusehends über den Versandhandel beziehen; Sie sollten Ihre Bestellung aber erst im Frühjahr aufgeben, wenn es wärmer geworden ist, da manche dieser Nützlinge temperaturempfindlich sind. Ihre Sendung wird gewöhnlich eine Gebrauchsanweisung enthalten, die Sie als erstes gründlich studieren sollten. Es versteht sich von selbst, daß Sie Ihre nützlichen Insekten nicht zusammen mit den Schädlingen vergiften wollen. Deshalb ist es ratsam, mindestens einen Monat vor dem Einsatz Ihres biologischen Pflanzenschutzmittels keine Insektizide zu verwenden.

Wenn Schwierigkeiten auftreten, arbeiten Sie besser mit einem organischen Mittel auf Seifenbasis; doch auch diese Behandlung sollten Sie in den letzten Wochen, bevor Sie Ihre Nützlinge aussetzen, stoppen. Nach ihrer Ausbringung kann es bis zu vier Wochen dauern, bis sie effektiv wirkende Kolonien gebildet haben; leichter Schatten, hohe Luftfeuchtigkeit und dichtes Zusammenstellen der Pflanzen auf den Gestellen sorgen dafür, daß sich Ihre Nützlinge schnell ausbreiten können.

NÜTZLINGE

Bacillus thuringiensis ist eine Bakterie, die in einer Lösung versprüht wird. Sie bildet Kristalle, die die inneren Organe der schädlichen Insekten angreifen, aber nicht im mindesten gefährlich für Mensch und Haustier sind; besonders geeignet gegen Schmetterlingsraupen.

Marienkäfer sind die sprichwörtlich nützlichen Insekten. Die australische Art *Cryptolaemus montrouzieri* läßt sich gut gegen Schmierläuse einsetzen. Sie benötigt viel Sonnenlicht und hohe Temperaturen.

Encarsia formosa ist eine mikroskopisch kleine, aber äußerst nützliche Schlupfwespe, die man auf Weiße Fliegen ansetzt. Schlupfwespen werden im Puppenstadium auf einer Karte geliefert. Hängen Sie diese zwi-

UNTEN: Der aus Australien eingeführte Marienkäfer *Cryptolaemus montrouzieri* ist ein Nützling, der sich von Schmierläusen ernährt.

OBEN: **Bei allen biologischen Pflanzenschutzmitteln müssen Sie die Anweisungen des Herstellers genau beachten.** UNTEN: **Der aus Australien eingeführte Marienkäfer** *Cryptolaemus montrouzieri*.

schen die am stärksten befallenen Pflanzen, so daß die Schlupfwespen schon im frühen Entwicklungsstadium reichlich Nahrung finden; sie ernähren sich nur von jungen Weißen Fliegen. Deshalb müssen Sie die Behandlung ein- bis zweimal wiederholen. Zur Bekämpfung von ausgewachsenen Weißen Fliegen können Sie gelbe klebrige Fliegenfänger aufhängen, gegen Blasenfüße blaue Fliegenfänger.

Fadenwürmer werden gegen Schädlinge eingesetzt, die im Boden leben; es gibt verschiedene Arten dieser Würmer zur Bekämpfung von Dickmaulrüßlern und Nacktschnecken. Sie werden im Frühjahr oder im Herbst dem Gießwasser beigegeben und greifen dann die Larven bzw. die Jungtiere dieser Schädlinge an.

Phytoseiulus persimilis wird gegen Spinnmilben eingesetzt. Diese Nützlinge benötigen niedrige Temperaturen. Deshalb müssen sie im Frühjahr und im Herbst ausgesetzt werden. Man hängt die Karte mit den Nützlingen an geeigneter Stelle des befallenen Pflanzenkörpers auf.

GEWÄCHSHAUSPFLANZEN

GERN LASSE ICH SIE TEILHABEN an den Erfahrungen, die ich selbst mit meinem Gewächshaus gemacht habe. Das mag Ihnen nützliche Hinweise für Ihre eigenen Vorhaben geben. Ich nutze mein Gewächshaus vor allem zur Kultur bestimmter Gemüsearten, frostempfindlicher exotischer Pflanzen sowie für die Überwinterung von Sukkulenten, Zitruspflanzen, Duftpelargonien und allerlei anderer nicht winterharter Kostbarkeiten.

Meine Familie liebt zum Beispiel Zuckermais, Kirschtomaten, Gemüsepaprika und Basilikum. Damit diese Pflanzen gut gedeihen, beginnt ihre Kultur im Gewächshaus: Im zeitigen Frühjahr säe ich, später pikiere ich die Pflanzen; ins Freiland bringe ich den Zuckermais, wenn ich sicher sein kann, daß der letzte Frost vorüber ist. Alles andere wächst in meinem Gewächshaus in Kultursäcken.

Viele der eingeschränkt winterharten exotischen Pflanzen, die ich zwischen Sommer und Frühherbst in meinem Garten ziehe, werden von Mitte bis Ende des Sommers durch Grünstecklinge und halbreife Stecklinge vermehrt. Der Samen von mehrjährigen Pflanzen wird dann zum richtigen Zeitpunkt ausgesät oder bis zum Frühjahr aufbewahrt.

Wenn der Herbst kommt, ernte ich das Gemüse. Es kommt dann auf den Tisch oder wird eingelagert. Durch die Gemüseernte gibt es anschließend im Gewächshaus Platz für die Unterbringung meiner empfindlichen Pflanzen aus dem Garten, auch für die eingetopften Stecklinge etc.

Im Winter hält ein Heizlüfter den Frost fern, wobei ich täglich nachsehe, ob alles in Ordnung ist. Jetzt entferne ich auch die abgefallenen Blätter und versuche ganz allgemein, das Gewächshaus sauber und die Pflanzen gesund zu halten. Wenn der Frühling naht, steht das jährliche Reinigen des Glases und der Gestelle an. So kann der Kreislauf in sauberer Umgebung auf ein neues beginnen.

RECHTS: Der Stechapfel (*Datura*), eine exotische Blütenpflanze, ist giftig.

UNTEN: In einem Gewächshaus lassen sich sonnenliebende Gemüsearten wie Tomaten kultivieren.

Gemüse

Natürlich können Sie in einem Gewächshaus grundsätzlich jedes Gemüse anbauen; doch ist es sinnvoll, nur gezielt solche Arten zu ziehen, die bei Ihren klimatischen Bedingungen im Freien nur schlecht oder gar nicht gedeihen, oder die Sie außerhalb ihrer Saison ernten möchten.

46

LINKS: **Gartenmelonen sind Kletterpflanzen, die eine Stützhilfe benötigen.**

Kultursäcke sind praktische Taschen mit Erde, die mit ausgewogenen Nährstoffen für Gemüse angereichert ist. Diese Taschen weisen Öffnungen für die Pflanzen auf, wobei diese regelmäßig gewässert und gedüngt werden müssen. Nach der Ernte können Sie die verbrauchte Erde auf den Komposthaufen geben oder im Garten untergraben.

Eine andere Möglichkeit der Kultur besteht darin, an einer Seite des Gewächshauses ein ständiges Beet anzulegen. Dazu graben Sie die Erde mindestens 45 cm tief um und mischen reichlich Humus oder gut verrotteten Gartenkompost bei. Ich rate Ihnen, auf den Boden des Beets eine wenigstens 5 cm dicke Schicht Kies aufzutragen. So verbessern Sie den Wasserabfluß. Sollten Sie jedes Jahr dasselbe Gemüse anbauen (z.B. Tomaten), müssen Sie den Boden regelmäßig austauschen, um stets für ausreichend Nährstoffe und Spurenelemente zu sorgen.

UNTEN: **Tomaten erbringen bessere Ernteerträge, wenn ihre Wurzeln viel Platz zur Verfügung haben.**

Die Zierpflanzenaussaat

Die meisten dieser Pflanzen werden im Frühjahr gesät und im Frühsommer ausgepflanzt. Einige Sorten können aber auch im Spätsommer oder im Herbst gesät werden, so daß Sie sich im Winter oder im zeitigen Frühjahr in Ihrer Wohnung an blühenden Pflanzen erfreuen können. Hierfür müssen Sie die Pflänzchen mit ausreichend Wärme und Licht versorgen. Sorgen Sie dabei zur Vorbeugung gegen Krankheiten grundsätzlich für eine gute Belüftung.

OBEN: Die Tomate
'Alicante' ist gut geeignet
für Kultursäcke.

Bedingt winterharte und frostempfindliche mehrjährige Pflanzen

Blühende Zierpflanzen dieser Art zu kultivieren ist eine der Freuden des Gewächshausbesitzers; nichts gleicht dem Duft eines Orangenbaums in Blüte oder dem Anblick einer prächtigen Engelstrompete (*Datura suaveolens*) in voller Blüte. **WARNHINWEIS:** Die Blätter, Samen und Blüten der Engelstrompete sind giftig.

Bei einer Mindesttemperatur von 10 °C können die meisten bedingt winterharten und empfindlichen mehrjährigen Pflanzen im Winter sicher überleben. Einige tropische und subtropische Pflanzen benötigen jedoch mehr Wärme, zum Beispiel Bromelien, Orchideen etc. Berücksichtigen Sie deshalb bei der Auswahl Ihrer Pflanzen, wie warm Sie Ihr Gewächshaus halten können. Auch wenn eine Pflanze für eine bestimmte Mindesttemperatur geeignet ist, sollte sie nicht gar zu lange im Bereich ihrer maximalen Toleranz bleiben, da sonst die Blütenqualität beeinträchtigt wird. Freilich kann sich eine empfindliche Pflanze, die Frost abbekommen hat, durchaus wieder erholen, wenn Sie sie gleich morgens mit Wasser besprühen, bevor sie den ersten Sonnenstrahlen ausgesetzt wird.

Generell ist es der Gesundheit einer Pflanze förderlich, wenn Sie ihre Blätter ebenso sauber halten wie die Glasscheiben Ihres Gewächshauses.

RECHTS: Alpenveilchen
(*Cyclamen*) sind beliebte
Zierpflanzen, die im Gewächshaus leicht aus Samen
gezogen werden können.

So kann die Photosynthese nicht beeinträchtigt werden. Wischen Sie darum gelegentlich mit einem weichen feuchten Lappen über die Blätter und bei der Gelegenheit auch über das Glas. Im Handel werden Sprays angeboten, die die Blätter reinigen und ihnen Glanz verleihen. Allerdings sind die Sprayrückstände nicht gut für die Pflanzen. Bei warmem Frühlingsregen sollten Sie Ihre Pflanzen ins Freie stellen; der Regen und die frische Luft werden sie regenerieren.

Nicht alle Pflanzen vertragen den ganzen Tag über volle Sonne. Manche bevorzugen indirektes Licht, Halbschatten oder direktes Sonnenlicht für eine begrenzte Dauer, was bedeutet, daß Sie diese Pflanzen gegen Mittag, wenn die Sonne am höchsten steht, beschatten müssen. Aber es gibt auch Pflanzen, die die Hitze unter Glas lieben. Dazu gehören Kakteen und Sukkulenten.

Zuletzt sollte nicht unerwähnt bleiben, daß es sinnvoll ist, für Gewächshauspflanzen Regenwasser zu sammeln. Es ist sauber und im Gegensatz zum Leitungswasser eine echte Wohltat für die Pflanzen.

Pflanzenverzeichnis

Die Liste der Pflanzen, die Sie in Ihrem Gewächshaus kultivieren können, ist schier endlos. Im folgenden gehe ich nur auf die bedingt winterharten und die empfindlichen Zierpflanzen ein, die ich selbst gezogen habe oder in den Gewächshäusern meiner Freunde und Bekannten bewundern konnte. Meine Liste enthält auch einige Zwiebelpflanzen und einjährige Pflanzen, vor allem aber Sträucher und Stauden. Diese Pflanzen haben einen doppelten Nutzen: Die meisten von ihnen können während des Sommers im Freien stehen und werden im Winter für eine kurze Zeit ins Haus gebracht. So ist die Freude, die Sie an ihnen haben dürfen, über das ganze Jahr verteilt. Lassen Sie sich von der folgenden Auswahl anregen. Wenn nicht anders vermerkt, beträgt die Mindesttemperatur im Winter 10 °C.

OBEN: *Begonia elatior* ist eine Knollenpflanze.

***Asparagus densiflorus* (syn. *Asparagus sprengeri*, Zierspargel)**
Eine Pflanze mit aufrecht überhängendem Wuchs und nadelförmigen, leuchtend grünen Blättern, die ihr ein flaumiges Aussehen geben. Sie benötigt einen gut feuchten Boden und bevorzugt einen hellen bis sonnigen Standort.

***Begonia rex* (Blattbegonie, Königsbegonie)**
Die Begonie gibt es in vielen Arten und Sorten; manche werden wegen ihrer hübschen, auffälligen Blüten geschätzt und häufig als Kübelpflanze verwendet. *Begonia rex* (und ihre Sorten) besticht durch ihre prachtvollen Blätter. Sie kommt in einer Vielzahl von Formen, Farben und Zeichnungen vor. Die Blattbegonie liebt feuchte Böden und Schatten.

***Bougainvillea glabra* (Wunderblume)**
Eine holzige kletternde Pflanze mit weißen Blüten, die von rosa bis violettrosa Hochblättern umgeben sind. 'Barbara Karst', 'California Gold', 'Coral', 'Jamaika White' und 'Sensation' sind nur einige der vielen Sor-

RECHTS: *Begonia elatior* hat bemerkenswert schöne Blätter und Blüten. Sie verleiht Ihrem Gewächshaus eine ganz besondere Note.

ten. Sie benötigt einen sonnigen Standort und einen sandig-humosen Boden; halten Sie sie während der Ruheperiode vollständig trocken.

Bromeliaceae

Zu dieser Familie zählt eine Anzahl hübscher Pflanzen, zum Beispiel *Tillandsia*, *Guzmania*, *Billbergia* und *Aechmea*. Im allgemeinen sehen sie alle aus wie eine Kreuzung zwischen Ananas und Agave. Die meisten bilden lange, spitz zulaufende Blattrosetten. Die graugrünen bis dunkelgrünen Blätter können groß oder auch sehr klein sein. Sie sollten in kleinen Töpfen in der vollen Sonne und in gut durchlässigen Böden wachsen.

Kakteen

Vielen bereitet es eine besondere Freude, diese beliebten, so überaus formenreichen Pflanzen zu sammeln. Stellen Sie Ihre Kakteen im Sommer in den Halbschatten und im Winter in die volle Sonne.

Cineraria hybrida (Aschenblümchen, Cinerarie)

Eine auffällige Blütenpflanze, die im Winter einen schönen Anblick bietet. Sie wird als einjährige Pflanze kultiviert und läßt sich gut aus Samen ziehen. Die Cinerarie benötigt Halbschatten und feuchte Böden.

Citrus

Immergrüne Bäume mit wohlriechenden Blüten und saftigen Früchten gehören zu dieser Gattung. Sie benötigen volle Sonne und gut durch-

OBEN: In dieser Kakteensammlung befinden sich auch Exemplare des Goldkugelkaktus.

RECHTS: Goldkugelkaktus (*Echinocactus grusonii*, oben) und *Gymnocalycium mihanovichii* (unten).

UNTEN: *Cineraria hybrida* ist eine einjährige Beetpflanze, die sich im Gewächshaus aus Samen ziehen läßt.

lässige Böden. Im Winter sollten Sie diese Pflanzen nicht zu stark wässern; geben Sie im Frühjahr Kalidünger.

Clivia (Klivie, Riemenblatt)

Eine rhizombildende Pflanzengattung mit riemenartigen Blättern und doldenartigen roten Blüten. Wenn diese verwelkt sind, sollten Sie sie entfernen. Klivien benötigen Halbschatten; sie sollten während der Wachstumsperiode gut gewässert werden, im Winter dann weniger stark; der Boden darf aber nicht austrocknen.

Coleus blumei (Blumennessel, Buntnessel, Buntlippe)

Das Laub dieser Pflanzenart ist je nach Sorte sehr unterschiedlich geformt und gefärbt. Sie hat einen buschigen Wuchs und ist schnellwüchsig – ein Blatt oder ein Steckling bildet in einem Glas Wasser schnell Wurzeln. *Coleus blumei* fühlt sich im Halbschatten am wohlsten und benötigt feuchte Böden.

OBEN: Im Gewächshaus gedeihen alle Arten von *Citrus*, zum Beispiel Limonen (hier abgebildet), Orangen und Zitronen.

LINKS: Die vielfarbigen Buntnesseln werden als Beet- oder Zimmerpflanzen kultiviert. Sie haben ausnehmend hübsches Laub.

RECHTS: × *Citrofortunella mitis*.

Cyclamen persicum (Alpenveilchen)

Eine Sproßknolle, die aus Samen gezogen wird. Wird der Wurzelballen ständig leicht feucht gehalten, kann die Pflanze mehrere Jahre überleben. Sie benötigt einen hellen, halbschattigen Standort.

Datura × candida (Stechapfel, Engelstrompete)

Ein halbimmergrüner Strauch, der unter günstigen Bedingungen eine Höhe von bis zu 3 m erreichen kann. Im Gewächshaus wird er in der Regel aber nur 1,5 m hoch. Seine hängenden, trompetenförmigen Blüten sind besonders am Abend stark duftend. Deshalb macht sich

OBEN: *Cyclamen persicum,* das Alpenveilchen.

LINKS: *Datura × candida* (syn. *Brugmansia × candida*) **duftet süß, ist aber giftig.**

OBEN: *Datura versicolor* **sieht
hübsch aus, ist aber giftig.**

UNTEN: **Fuchsie 'Lisa'.**

dieser Strauch im Sommer auch sehr gut auf einer Terrasse oder in einem Innenhof. Die Pflanze bevorzugt volle Sonne und gut durchlässige, eher trockene Böden. Die Blätter, Samen und Blüten von *Datura* sind giftig.

Epiphyllum oxypetalum

Ein bekannter nachtblühender Kaktus; die weißen Blüten entwickeln sich langsam und verströmen einen kräftigen Geruch. Um die Jahrhundertwende war es in England üblich, eine Abendgesellschaft zu geben, wenn die Blüte erwartet wurde. Die Pflanze bevorzugt Halbschatten und nährstoffreiche, feuchte Böden.

Felicia amelloides (Kapaster)

Eine empfindliche Pflanze mit blauen Blüten; wird gewöhnlich für die Blumenkästen gezogen, gedeiht aber auch im Beet. Vermehrung durch Stecklinge im Frühsommer für eine Winterblüte (oder im Spätsommer für eine Blüte im Frühjahr). Sie benötigt einen sonnigen Standort und durchlässige Böden.

Fuchsia (Fuchsie)

Von dieser strauchartigen Pflanzengattung gibt es viele blühende Arten und Sorten. Sie läßt sich im zeitigen Frühjahr leicht durch Stecklinge vermehren; Sie können Ihre Fuchsien im Sommer ins Freiland setzen

LINKS: **Die prächtige Gloxinie vor einem Hintergrund aus Frauenhaarfarn (*Adiantum*); beide Pflanzen sind frostempfindlich.**

UNTEN: **Die lebhafte Gloxinie 'Duke of York'.**

(oder in Kübeln auf die Terrasse). Nach der Blüte sollten sie stark zurückgeschnitten werden. Halten Sie sie im Winter eher trocken. Fuchsien benötigen einen halbschattigen Standort und feuchte Böden.

Gloxinia (Gloxinie)

Eine rhizombildende Pflanzengattung mit Büscheln trompetenförmiger Blüten in Rosa-, Malve- und Purpurtönen mit weißem Rand. Die Blütezeit liegt in der Mitte des Frühjahrs; Halbschatten und feuchte Böden.

Hippeastrum (Ritterstern)

Ein Zwiebelgewächs mit langen Blättern und großen, trichterförmigen Blüten. Die Zwiebeln sollten nur etwa bis zur Hälfte in gut durchlässige

UNTEN: **Gloxinien zusammen
mit Usambaraveilchen.**

Erde gesetzt werden. Stellen Sie den Topf in den Halbschatten, bis die
ersten Blätter erscheinen, dann in die volle Sonne.

Jasminum sambac (Arabischer Jasmin)

Die am stärksten duftende Art des frostempfindlichen Jasmins; der Arabi-
sche Jasmin ist in vielen Mittelmeergärten zu sehen; die Pflanze ver-
strömt einen starken Duft, sobald die Sonne aufgeht. Sie gedeiht am besten in voller Sonne und auf nährstoffreichen, gut durchlässigen Böden.

Pelargonium (Pelargonie)

Diese fälschlicherweise oft als »Geranie« bezeichnete mehrjährige Pflanze
kommt in einer Vielzahl von Formen, Größen, Laub- und Blattfarben

vor; es gibt auch Pelargonien mit duftenden Blättern, und auf diese gründet sich meine Sammlung. Auch die mehrfarbigen zierblättrigen Sorten sind beachtenswert; andere haben besonders große prächtige Blüten. Entfernen Sie regelmäßig alle welken Blüten, um einen dauerhaften Blütenflor zu gewährleisten. Zum Überwintern sollten Sie Ihre Pelargonien um mindestens die Hälfte zurückschneiden; halten Sie sie in dieser Zeit eher trocken. Pelargonien benötigen Sonne und durchlässige Böden.

Rosa (Rose)

Nur ganz wenige Rosen lassen sich erfolgreich unter Glas kultivieren. Die prachtvolle 'Maréchal Niel' gehört dazu; sie ist stark duftend, hat goldgelbe Blüten und war in den englischen Gewächshäusern der viktorianischen Zeit eine der beliebtesten Pflanzen. Auch *Rosa* 'Devoniensis' darf in diesem Zu-

OBEN: Ritterstern *(Hippeastrum).*

UNTEN: Pelargonien mit duftenden Blättern sind dankbare Pflanzen für den Anfang.

60

OBEN: Die eindrucksvollen Blüten von *Pelargonium grandiflorum* werden im Garten wie im Gewächshaus Ihre Blicke auf sich ziehen.

sammenhang genannt werden; sie ist stark duftend und hat große Blüten. Rosen sollten im Boden des Gewächshauses wurzeln oder einen hohen Topf mit nährstoffreicher, gut durchlässiger Erde bekommen. Sie müssen regelmäßig gedüngt werden. Am besten gedeihen sie in voller Sonne.

Saintpaulia (Usambaraveilchen)

Diese immergrüne Pflanzengattung hat Rosetten aus behaarten Blättern und einfache oder gefüllte Blütenbüschel in Weiß und Rosa-, Purpur- oder Blautönen; einige Sorten haben zweifarbige Blüten, gekräuselte Kronblätter oder sind halbgefüllt. Das Usambaraveilchen gedeiht am besten an einem hellen, aber nicht sonnigen Standort bei hoher Luft-

feuchtigkeit. *Saintpaulia* bevorzugt nährstoffreiche, mäßig feuchte Böden. Die Mindesttemperatur sollte im Winter 15-18 °C betragen.

Schlumbergera-Hybriden (Weihnachtskaktus)

Dieser Kaktus bildet Büschel unterteilter Pflanzenglieder, an deren Spitzen sich stark gefärbte, magentarote und rote Blüten zeigen; es gibt auch Sorten mit weißen und rosa Blüten. Der Weihnachtskaktus benötigt Halbschatten und gut durchlässige Böden.

OBEN: *Pelargonium zonale.*

UNTEN: Usambaraveilchen 'Fusspot'.

INDEX

Bildnachweis

Die Aufnahmen der nachfolgend genannten Fotografen wurden verwendet:
David Askham: 13(o), 14; **Roy Asser**: 48(o); **Lynne Brotchie**: 59(o); **Brian Carter**: 12, 45(o), 51, 60(o); **Chris Burrows**: 58(u); **Bob Challinor**: 6, 18, 19, 39, 54(u); **Densey Clyne**: 50, 57(u), 59(u); **Geoff Dann**: 13(u); **Robert Estall**: 15; **Vaughan Fleming**: 41(o), 53; **Nigel Francis**: 41(u); **John Glover**: 1, 31, 48(u), 52(u), 54(o), 56(o)(u), 60(u); **Sunniva Harte**: 47; **Marijke Heuff**: 23; **Neil Holmes**: 32, 43(u), 55, 57(o), 62(u); **Michael Howes**: 11, 20(o), 21, 22, 24(o), 25, 26, 28(u), 29(u), 33(u), 35, 27, 40(o), 49(o); **Ann Kelley**: 52(o); **Lamontagne**: 61; **Jane Legate**: 20(u), 28(o), 29(o); **Mayer/Le Scanff**: 10, 17, 30, 38, Einband; **Zara McCalmont**: 7, 16, 46; **Jerry Pavia**: 8; **Howard Rice**: 62(o); **Stephen Robson**: 9; **Gary Rogers**: 2; **Lorna Rose**: 58(o); **JS Sira**: 40(u), 42(o)(u), 44, 45(u); **Ron Sutherland**: 27; **Juliette Wade**: 34, 49(u); **Mel Watson**: 24(u), 43(o); **Paul Windsor**: 36; **Steven Wooster**: 33(o).

In folgenden Gärten wurde fotografiert:
Herworth House (England): 16; **Cheveley, Newmarket (England)**: 7, 46; **Admington House, Warwickshire (England)**: 6; **Hampton Court Flower Show '91 (England)**: 9; **Pinewood House (England)**: 12; **Lackham College (England)**: 13(o); **Pershore Horticultural College, Chelsea Flower Show 1988, London (England)**: 13(u); **St. Jean De Beauregard**: 17; 106 **Ruxley Land (England)**: 20(u).

Folgende Unternehmen stellte Pflanzen zur Verfügung:
Collins & Browns Conservatory plants: 33(u).